## FACULTÉ DE DROIT DE TOULOUSE.

# THÈSE

POUR

# LA LICENCE

SOUTENUE

EN EXÉCUTION DE L'ARTICLE 4, TITRE 2, DE LA LOI DU 22 VENTÔSE AN XII,

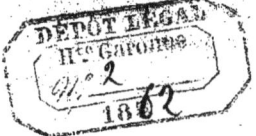

Par M. FABRY (Henri),

Né à Arthès (Tarn).

**TOULOUSE**

IMPRIMERIE PRADEL ET BLANC,

Place de la Trinité, 12.

**1861**

## FACULTÉ DE DROIT DE TOULOUSE.

# THÈSE

POUR

# LA LICENCE

SOUTENUE

EN EXÉCUTION DE L'ARTICLE 4, TITRE 2, DE LA LOI DU 22 VENTÔSE AN XII,

### Par M. FABRY (Henri),

Né à Arthès (Tarn).

**TOULOUSE**

IMPRIMERIE PRADEL ET BLANC,

Place de la Trinité, 12.

**1861**

## A MES PARENTS

A tous ceux qui me sont chers.

# JUS ROMANUM.

**De servitutibus prædiorum rusticorum**, (Dig., lib. viii, tit. 3). **Communia prædiorum tam urbanorum quam rusticorum.** (Dig., lib. viii, tit. 4).

Servire res dicuntur cùm domino suo aliquid in eis integri juris ablatum, domino fundove alieno tribuitur.

Servitutes ergo reales partiuntur in duo genera : aut personarum sunt, ut usufructus usus et habitatio : aut rerum, ut servitutes rusticorum prædiorum et urbanorum (Dig., lib. viii, tit. 1). De his tantùm proximis et præsertim de rusticis in subjectâ materiâ tractatur.

Prædialis servitus est jus in prædio, alteri prædio constitutum, quo dominus, quod huic alteri commodum sit, aliquid aut pati, aut non facere in suo cogitur. In quacumque igitur servitute duo prædia, et unicuique dispar dominus, necessariò sunt, nemini enim res sua servire potest : cui debetur servitus, dominans, quod servitutem patitur serviens prædium appellatur.

Ut autem servitutes sine prædiis esse nequeunt, ita solent secundum prædiorum diversitatem et ipsæ distingui, ut quemadmodum prædia partim sunt rustica, partim urbana, ita et servitutes illis inhærentes, vel sint urbanorum prædiorum, que ædificio quamvis ruri collocato, debentur; vel rusticorum, quæ ad fundum, etiam in urbe collocatum pertinent. Quod si brevi quâdam sententiâ, de quibus agatur servitutibus, genus agnoscere volueris, dicam alias insolo, alias in superficie consistere. Quæ inhærent ædificiis urbanæ, quæ fundo rusticæ. Has verò proximas (quarum præsertim majus est pretium) jamdudum tardiùs recenseamus.

### Rusticorum prædiorum servitutum enumeratio.

Rusticorum prædiorum servitutes quatuor potiores enumerantur et definiuntur in institutionibus Justiniani; sunt hæ : Iter, actus, via, aquæductus. Iter est jus eundi, ambulandi hominis tantum, non etiam jumentum agendi vel vehiculum. — Actus est jus agendi vel jumentum vel vehiculum : Ita qui habet iter actum non habet, qui actum habet, et iter habere intelligitur, non quidem ex vi et proprietate verbi, sed ex verisimili paciscentium voluntate, vel potiùs interpretatione quis enim agere vel jumentum, vel vehiculum potest nisi ipse eat?— Via est jus eundi, ambulandi et agendi : nam et iter et actum in se continet via. (INST., tit. 3. ad. proœm.) Unde qui viam habet, etiam pedes illac ire, vel jumentum agere potest; imò, cui viæ jus, is non tantum per eam agere potest; sed etiam lignum, vel lapidem trahere, hastam quoque rectam ferre, fructus modò non lædat, quorum tamen neutrum, nec iter, nec actum habenti permissum est; et hoc haud immeritò quia majus periculum subest lædendi fructus, cùm iter et actus plerumque sint viâ angustiores. Nunc verò de istorum latitudine et de servitute determinandâ pauca dicam. Hoc primùm, si iter, actusve sine ullâ determinatione legatus sit, hoc est ab arbitro statuendum, sin autem, latitudo actus itineris que ea est, quæ demonstrata est. Aliud verò juris est in viâ; nam, si dicta non fuit latitudo, legitima, idest, lege duodecim tabularum determinata, debetur. Si locus, non adjectâ latitudine, nominatus est, per eum quâlibet iri poterit; sin autem prætermissus est, æque, latitudine non adjectâ, per totum fundum una poterit eligi via duntaxat ejus latitudinis, quæ lege comprehensa est : pro quo ipso, si dubitabitur, arbitri officium est invocandum. (Dig., lib. viii, tit. 3). Cæterum, quadecumque servitute agatur, arbitro semper in animo erit verissima illa regula, quod cui concessa servitus, omnia videantur concessa sine quibus uti non potest. — Aquæductus est jus aquæ ducendæ ex alieno fonte, per fundum alienum, ad irrigationem agri nostri, vel ad amænitatem, vel pecoris causâ. Ducitur aqua fistulis, rivis, item per lapidem stratum, si id in servitute constituendâ comprehensum sit. Verum tamen cùm omnes servitutes prædiorum perpetuas causas habere debuerint, requiritur ad aquæductum constituendum ut aquæ perennis sit, quia quæ perennis et viva non est, duci non potest. Hâc igitur ex ratione fit, ut aquæ haustus, vel aquæ ductus ex torrente, cisternâ, fossâ concedi nequiverit. Potest quidem aquæ ductus et aquæ haustus per eumdem locum ut ducatur pluribus concedi : potest etiam usus ejus modificari ut in die certis horis, vel alternis diebus utantur aquâ, vel si omnibus sufficiens sit, simul et eodem tempore, modò tamen posterior concessio fiat, sine injuriâ prioris, ad quem usus ejusdem aquæ ducendæ pertinet. Cùm nec dominus prædii in quo aqua nascitur, si aquæ ductum concesserit, possit causam usuarii deteriorem facere, hinc requirunt ad constitutionem aquæ ductus, non solùm domini consensum, sed eorum quibus jam ante ejusdem aquæ usum concessit, quia cum illorum jus novâ domini concessione minuatur, consequens etiam fuit eorum consensum exquiri : et hâc in materiâ dicam non aliter sentire Ulpianum. Hinc est, quòd qui aquæ ductum ab alio obtinuit, ex eodem alteri non possit impertiri, nisi accedat consensus primi concedentis, cùm ne quidem prædiis suis auctis, ulteriùs aquam deducere possit, quàm ab initio convenit. Quod si verò aqua jam sit ingressa fines prædii sui, ad aliud quoque prædium distribuere eam potest is cui aquæ ductus competit, dummodò non noceat domino aquæ, hujus enim potior causa est. Adeo ut is, aquæ ductu concesso, possit aquæ usum retinere, sibi que uni aquam habere, quæ in vicinos agros decurrit, ut ductis quâcumque voluerit in sitientes suos agros rivis, irriget primum quod suum est, nec emittere cogatur, nisi quod sibi, prædiis que suis minus necessarium viderit, ita enim usus aquæ vicinis suis concessus intelligitur, ut suos agros isto usu non defraudet.

Nonnullas adhuc, sed minoris pretii, rusticorum prædiorum servitutes memorant. Institutiones Justiniani, de quibus brevissimè loquemur. Inter rusticas servitutes computantur aquæ haustus, id est, jus aquæ hauriendæ ex fonte puteove vicini; pecoris ad aquam appulsus, sive jus pecoris adaquandi seu appellendi pecudes ad fontem vel puteum vicini; jus pascendi pecoris in alieno agro; jus calcis coquendi in fundo alieno; et jus arenæ fodiendæ ex fundo. — Quatenus hæ servitutes rustico debentur prædio, eatenus dicuntur rusticæ, nam et possunt deberi urbano, uti a diverso servitutes urbani prædii possunt deberi rustico; dicit quæ Ulpianus non ultra has servitutes constitui posse, quam quatenus ad vicinum fundum sit opus.

### Communia prædiorum tam urbanorum quam rusticorum.

Plura sunt urbanas inter et rusticas servitutes communia quæ ad naturam vel præsertim ad constitutionem et admissionem servitutum spectant; infrà de quibus agitur.

Nos non fallit has servitutes prædiorum appellari quoniam sine prædiis constitui non possunt: nemo enim potest servitutem, adquirere, vel urbani, vel ruscici prædii, nisi qui habet prædium. (Dig., liv. viii, tit. 4.)

Requiritur ad constituendam quamlibet servitutem vicinitas prædiorum, quæ diverse accipitur pro variâ singularum naturâ servitutum.

Prædialium servitutum ea natura est ut sint individuæ; inde via, pro parte neque legari, neque adimi potest, et, si factum est, neque legatum, neque ademptio valet. Item pars viæ et similium in obligationem deduci nequit, quia earum usus est indivisus. Servitutes ipso quidem jure neque ex tempore neque sub conditione, neque ad certàm conditionem quamdiù volam, constitui jus permisit : si hæc tamen in stipulatione, vel in contractibus adjicerentur, per pacti vel per doli exceptionem occurrebatur contra placita servitutem vindicanti-

Omnes prædiorum servitutes perpetuam causam habere debent ; opera manu facta causam perpetuam non habent, ideò qu non valent ad servitutem constituendam. Causa autem servitutis definitur : id cujus arcendi a nostro, aut in nostro habendi gratià servitus constituta est ; aquæ ductus causa et stillicidii aqua est.

Plùra etiam communia rusticas inter et urbanas servitutes, harum in acquisitione seu amissione reperire licet, qua breviter enarrabimus. Prædiales servitutes sicuti cætera jura acquiruntur inter vivos scilicet vel testamento. — Inter vivos, si quis stipulatione, exceptione, venditione, donatione servitutem acquirit, jure imposita servitus intelligitur.

An usucapione et longi temporis possessione acquirere liceret servitutes quæri solet. Usucapione olim constitui posse videntur : præterea, usucapionem quæ servitutes dabat sustulit lex Scribonia et rationem reddunt juris periti, quia cùm servitutes sint res incorporales possideri non possunt, neque ideò usucapi. Quod obtinuit strictum jus. Prætores autem, utilitatis causâ, diuturno usu et longâ quasi possessione servitutes urbanorum prædiorum retineri siverunt; eadem juris derogatio ad rusticas non fuit prolata servitutes.

Adjudicationem adhùc patiebantur servitutes, veluti, si re ita exigente judex arbiter ve, in judiciis familiæ erciscundæ, et communi dividundo, plura prædia scindens, fundum quæ uni, alterum alteri adjudicans, unum cæteris servientem constituerit.

Testamentis etiam acquiruntur servitutes. Etenim damnari potest hæres ad servitutem vicino præstandam, velut ædes suas altius non tollendi, vel patiendi vicinum per fundum euntem. Idem obtinet, cùm vicino servitus directò legatur.

Quibus nunc amittuntur servitutes modis si reperias, videbis tam urbanorum quàm rusticorum amitti : 1° confusione prædiorum ;

2º. solutione juris ejus qui servitutem constituerit ; 3º renunciatione, tum expressâ, tum tacitâ si concedente domino, aliquid sit factum quo pereat usus servitutis ; 4º alterutrius interitu prædii, sive dominantis, sive servientis ; prædiales enim servitutes, ut suprà dictum est sine prœdiis esse non possunt : reversâ autem priori formâ, ipso jure reviviscit servitus.

## POSITIONES.

I. Nonne qui habet actum habet iter ? — Sane, cui est actus illi est jus eundi.
II. Stagnum habeo, volo inde vicino meo aquæductum concedere, quæritur an possim ? — Minime possum.
III. Potest ne is cui aquæ ductus competit, vicino cuilibet aliquid commodare ? — Sane, dummodò aquæ domino non noceat.
IV. Num immeritò inter rusticorum prædiorum servitutes, aquæ haustus et jura quadam paria computari solent ? — Minime.
V. Num tempore per usucapionem servitutes acquiruntur ? — Propriè usucapi, non possunt.

# CODE NAPOLÉON.

Livre III., Tit. III. **Des contrats.** — Art. 1197 à 1225, section IV. **Des obligations solidaires.**

Toute action et toute obligation se divisent de plein droit entre ceux qui sont appelés à exercer l'une ou à subir l'autre.

Tel est le droit commun; mais à côté du principe, la loi a admis certaines dérogations que nous aurons à parcourir l'une après l'autre. De ces exceptions, la plus importante est la stipulation de la solidarité. Elle a lieu, aux termes de la loi (art. 1202), lorsqu'il existe une convention expresse à cet égard ou une disposition de loi qui la prononce. Mais il n'est pas nécessaire, pour la validité de la convention, que le mot *solidarité* ait été employé; les parties pourront se servir de toute autre expression propre à manifester leur intention. Cela dit, qu'appellerons-nous obligation solidaire? Celle en vertu de laquelle le total de la chose due peut être exigé de chacun des débiteurs ou peut l'être par chaque créancier. Il y a donc la solidarité entre créanciers et la solidarité de la part des débiteurs.

### De la solidarité entre les créanciers.

On n'a pas besoin d'une étude approfondie de la matière pour comprendre que cette solidarité, au point de vue pratique, a moins d'importance que la solidarité de la part des débiteurs. C'est surtout à la solidarité entre créanciers, qu'est applicable la disposition de l'article 1202 que nous venons de citer ; la loi ne la présume jamais, elle doit résulter d'une clause expresse.

Les créanciers, en se déclarant solidaires, réunissent par cela seul leurs créances en une seule et se donnent réciproquement mandat de recevoir le paiement de la créance commune, et de faire tous les actes nécessaires, soit à sa conservation, soit à son amélioration. Ainsi, chaque créancier représentant tous les autres, aura le droit d'exiger le paiement intégral de la dette, et ce paiement « libérera le débiteur (art. 1197), encore que le bénéfice de l'obligation soit partageable et divisible entre les divers créanciers. » Voilà comment le législateur détermine l'objet de cette solidarité : Les créanciers n'auront pas un grand avantage à retirer de cette stipulation, et il pourra même arriver qu'elle tourne à leur préjudice.

Du principe que chaque créancier solidaire est le mandataire des autres pour recevoir l'intégralité de la dette, découlent plusieurs conséquences : ainsi, le débiteur peut payer à son gré celui des créanciers qu'il lui plaît de choisir. Mais, s'il a déjà été poursuivi par l'un d'eux, c'est entre les mains de ce créancier que devra s'effectuer le paiement : en effet, l'auteur des poursuites a usé d'un droit qui lui appartient, et il ne saurait dépendre du bon plaisir du débiteur de faire courir à ce créancier le risque d'avoir à demander compte à des personnes insolvables. Il n'est pas douteux, cependant, que si la créance est à terme, le créancier qui aurait commencé les poursuites avant l'échéance, ne retirera aucun avantage de ces poursuites ; comme auparavant le débiteur aura l'option, et il pourra même renoncer au terme en faveur d'un autre créancier que le poursuivant.

De ce que chaque créancier solidaire indistictement a mandat de faire tous les actes qui importent à la conservation ou à l'amélioration de la créance commune, il résulte que tout acte qui interrompt la prescription à l'égard de l'un des créanciers solidaires, profite aux autres créanciers (art. 1199). Mais s'il existe parmi eux un créancier contre lequel, à raison d'un privilége particulier, de sa minorité, par exemple, la prescription ne court point, elle court néanmoins contre les autres. L'art. 710 du Code Napoléon dit, il est vrai, au titre des Servitudes, que lorsqu'une servitude appartient à plusieurs personnes dont l'une d'elles est mineure, la prescription ne court contre aucune d'elles; mais cette disposition nous semble ne devoir s'appliquer qu'à l'indivisibilité. (Voir M. Valette.)

Du principe que nous venons de rappeler, il suit que si l'un des créanciers constitue le débiteur en demeure soit par une sommation, soit par tout autre acte équivalent, le débiteur se trouve en demeure à l'égard de tous. De même, s'il fait courir les intérêts en formant une demande en justice contre le débiteur, les intérêts courent au profit de tous ; comme aussi l'hypothèque qu'il se ferait donner serait une garantie commune à tous les créanciers. Mais le mandat dont se trouve investi chacun des créanciers solidaires ne l'autorise qu'à recevoir au nom des autres tout ce qui leur est dû, et non pas à en disposer à son gré ; aussi décide-t-on que pour les actes qui pourraient nuire aux créanciers, aucun d'eux n'a le pouvoir de les faire au nom de tous. Par conséquent, la remise de la dette faite seulement par l'un des créanciers solidaires, ne libèrera le débiteur que pour la part de ce créancier.

### De la solidarité de la part des débiteurs.

La solidarité des débiteurs est plus fréquemment stipulée que celle des créanciers, et cela se conçoit sans peine, car elle procure au créancier qui en fait une des conditions du crédit qu'il accorde au débiteur, des garanties bien plus considérables que la solidarité dont il vient d'être question.

Elle existe lorsque les débiteurs sont obligés à une même chose, de manière que chacun puisse être contraint pour la totalité, et que le paiement fait par un seul libère les autres envers le créancier (art. 1200). Le mot *paiement* doit ici être pris dans son sens général ; il s'applique à toutes les causes d'extinction de la dette, que nous trouvons énumérées dans l'art. 1234 du Code Napoléon. Un seul débiteur pourra désintéresser complètement le créancier qui ne serait pas fondé à refuser le paiement intégral et à exiger la division de la dette (V. Sirey).

Il est de l'essence de la dette solidaire que toutes les obligations dont elle se compose aient la même chose pour objet ; mais la loi n'exige pas que tous les débiteurs soient tenus de la même manière : ils doivent tous promettre la même chose, mais chacun d'eux peut la promettre différemment : celui-ci purement et simplement, celui-là à terme ou sous condition. C'est là ce qui résulte des termes de l'article 1201. Du reste, il s'agit ici plutôt du mode d'exécution de l'obligation que de la disposition elle-même. Voyons maintenant les effets de cette solidarité dans les rapports du créancier avec les débiteurs.

Le caractère particulier de la solidarité des débiteurs réside dans un mandat réciproque qu'ils se donnent de se représenter auprès du créancier, et la dette solidaire pourrait être définie : une même dette contractée par plusieurs personnes qui se sont associées de manière à ne faire, par rapport au créancier, qu'une seule et même personne représentée par chacune d'elles. Dans ces quelques mots sont renfermés tous les effets de la solidarité que nous trouvons énumérés dans le Code (art. 1203 à 1207).

Le créancier peut, à son choix, poursuivre l'un ou l'autre des débiteurs et le poursuivre pour le tout ; chacun des débiteurs est tenu comme s'il était seul. Il est cependant loisible au débiteur actionné pour le tout, d'appeler en cause ses co-débiteurs, non pas pour faire fractionner entre eux tous la poursuite du créancier, car la loi ne lui permet pas d'opposer le bénéfice de division, mais afin de faire statuer par un même jugement sur la demande du créancier et sur la demande en garantie qu'il peut diriger contre ses débiteurs. Le créancier a aussi le droit d'actionner tous les débiteurs solidaires, soit successivement, soit simultanément.

Cette faculté n'est pas accordée à tous les créanciers solidaires d'un seul débiteur, par ce motif que la simultanéité des poursuites des créanciers solidaires ne ferait qu'augmenter les frais en pure perte, tandis que les poursuites contre plusieurs débiteurs offrent au créancier plus de chance de paiement. Si la loi a cru devoir réserver expressément (art. 1204) le droit du créancier, c'est qu'ici elle est en opposition avec le vieux Droit romain, d'après lequel et en vertu de la novation, tous les débiteurs autres que celui qui était poursuivi se trouvaient libérés par l'action intentée contre l'un d'eux.

Il suffira de mettre en demeure l'un des débiteurs, pour que tous ceux pour lesquels il n'a pas été stipulé de conditions exceptionnelles soient également en demeure. C'est là une conséquence nécessaire et tout-à-fait naturelle de la solidarité. La perte de la chose due, par la faute ou pendant la demeure de l'un ou de plusieurs des débiteurs solidaires, ne décharge pas les autres co-débiteurs de l'obligation de payer le prix de la chose; mais ceux-ci ne sont pas tenus des dommages et intérêts : le créancier pourra seulement les répéter, tant contre les débiteurs par la faute desquels la chose a péri, que contre ceux qui étaient en demeure (1205). La loi fait ici une distinction entre les débiteurs qui sont en faute ou en retard et ceux qui n'ont rien à se reprocher. La différence qu'elle établit entre eux nous semble parfaitement motivée. En effet, chacun des débiteurs solidaires consent bien à rester le garant des autres tant que la dette existe ; mais il n'est pas à présumer qu'en s'engageant il ait entendu se trouver responsable des extensions que ses co-débiteurs peuvent donner à l'obligation par leur faute. Mais si les dommages et intérêts ont été fixés à l'avance au moyen d'une clause pénale, les co-débiteurs solidaires de celui par la faute duquel cette clause pénale est encourue, seront-ils tenus de payer la somme fixée, alors même qu'elle est supérieure à la valeur de la chose qui a péri? La question doit être résolue affirmativement. La clause pénale peut, en effet, être considérée accessoire à la première, passée entre tous les co-débiteurs, sous la condition suspensive que la première ne sera pas exécutée par la faute de l'un des débiteurs. Cette condition venant à se réaliser, chacun d'eux doit payer le montant de la clause pénale. Du reste, qu'il y ait eu clause pénale ou non, si la chose qui a péri chez le débiteur en demeure eût dû également périr chez le créancier, il y aurait pour tous les débiteurs extinction de l'obligation : c'est ce qui résulte des termes de l'art. 1202.

Le créancier qui dirige des poursuites contre l'un des débiteurs, interrompt la prescription, non pas seulement à l'égard du débiteur poursuivi, mais à l'égard de tous. Du moment, en effet, que l'un d'eux est actionné, tous sont réputés l'être, car ils sont tous mandataires les uns des autres, à l'effet de recevoir les poursuites du créancier ; par suite, toute dette reconnue par l'un d'eux est censée l'être par tous. Il en serait autrement si cette reconnaissance avait lieu après la prescription acquise, car il ne saurait dépendre de l'un des débiteurs de rendre, au préjudice des autres, l'existence à une dette légalement éteinte. Cette reconnaissance n'aura d'effet que pour lui seul.

La demande d'intérêts formée contre l'un des débiteurs solidaires, fait courir les intérêts à l'égard de tous (1207). Le principal motif de cette disposition de loi est tiré de l'intérêt même des débiteurs. Dès l'instant, en effet, que le créancier a le droit d'exiger ces intérêts par une demande en justice, il importe que des frais, qui en définitive seraient à leur charge, soient aussi peu considérables que possible ; l'article ci-dessus a eu ce résultat en vue.

Nous avons parcouru les divers effets de la solidarité de la part des débiteurs ; mais nous n'avons parlé principalement que de la solidarité résultant d'une convention, d'une stipulation expresse. Il est des cas où la solidarité résulte d'une disposition de loi ; mais une simple lecture des articles qui l'établissent, suffit pour faire apercevoir que tous les effets de la solidarité que nous avons énumérés ici, ne sauraient, en général, être applicables à la solidarité légale ; et l'on voit que plusieurs personnes peuvent être tenues solidairement, sans être pour cela de véritables co-débiteurs solidaires.

Occupons-nous maintenant des exceptions qu'un débiteur solidaire, quand il est actionné, peut opposer au créancier, ou, en d'autres termes, des moyens qui serviront au débiteur à repousser la prétention du demandeur. Le co-débiteur solidaire, poursuivi par le créancier, peut opposer toutes les exceptions qui résultent de la nature de l'obligation, et toutes celles qui lui sont personnelles, ainsi que celles qui sont communes à tous les co-débiteurs. — Il ne peut opposer les exceptions qui sont purement personnelles à quelques-uns des autres co-débiteurs (art. 1208). Le Code reconnaît, on le voit, trois espèces d'exceptions ; mais que faudra-t-il entendre par ces mots : exceptions résultant de la nature de l'obligation, exceptions personnelles et exceptions communes ? A quels cas devront-ils s'appliquer ? L'exception résulte de la nature de l'obligation, lorsqu'elle est fondée sur l'existence ou la nullité de la dette : comme lorsqu'un débiteur soutient que l'obligation est nulle, soit parce qu'elle manque de cause ou d'objet, soit parce que la cause est illicite, soit, enfin, parce que les solennités nécessaires à sa validité n'ont pas été observées. Tous ces cas d'exception portent sur la dette elle-même ; chacun des débiteurs peut, quand il est poursuivi, les opposer au créancier ; ces exceptions rentrent donc dans la catégorie de celles que le Code a appelées communes.

Sont rangées au nombre des exceptions personnelles, celles qui sont tirées d'une cause propre à l'un des co-débiteurs, soit, par exemple, de sa minorité ou de son interdiction, soit du vice de violence, de dol ou d'erreur, dont son consentement est entaché ; soit, enfin, d'une condition ou d'un terme exclusivement stipulé à son profit. Celui des co-débiteurs à qui ces exceptions appartiennent, pourra seul les invoquer. Il est toutefois une remarque à faire, c'est que l'exception de dol, de violence ou d'erreur admise en faveur de l'un des débiteurs, profitera aux autres en ce qu'ils ne seront plus tenus de la dette que déduction faite de la part qu'il avait dans l'obligation ; et même faudra-t-il qu'ils aient ignoré cette cause d'exception lorsqu'ils ont contracté.

Enfin, par exceptions communes, il faut entendre celles qui, bien que ne résultant pas de la nature de l'obligation, peuvent comme celles-ci être opposées par tous les débiteurs. Nous citerons d'abord comme exemples de ces exceptions, le paiement et la prescription qui libèrent toujours tous les débiteurs, et, en second lieu, la confusion et la compensation. Ces deux dernières sortent parfois de la catégorie des exceptions communes. Ainsi, les co-débiteurs solidaires qui n'auraient pas en propre ce moyen de défense, ne pourront pas invoquer la compensation si le créancier s'adressait à eux avant de poursuivre le débiteur en faveur duquel la compensation existe ; au contraire, ils repousseraient la demande du créancier par les mêmes motifs qu'aurait fait valoir leur co-débiteur s'il avait été poursuivi le premier. La compensation est donc, suivant les cas, tantôt une exception personnelle, et tantôt une exception commune.

Mais que décider dans le cas où il y aura confusion, c'est-à-dire réunion dans une même personne des qualités de débiteur et de créancier d'une même dette? Lorsque cette condition se réalise, comme l'on ne peut être ni créancier ni débiteur de soi-même, la dette et la créance sont éteintes ; mais l'obligation solidaire existe encore à l'égard des autres débiteurs qui sont seulement déchargés de la part de dette de leur ancien co-débiteur. Ils seront encore tenus dans la même proportion, si le créancier devient l'unique héritier de l'un des débiteurs (1209).

Le créancier fait le plus souvent usage de sa créance, mais il peut aussi ne pas user des droits qu'elle lui confère ; il peut, à son gré, renoncer à tout ou partie de ces droits : c'est ce qu'on appelle faire remise de la dette. Si le créancier a renoncé purement et simplement à sa créance sans en retenir aucune portion, chacun des débiteurs est libéré : l'exception qui résulte de cette remise est commune à tous. Mais s'il ne renonce à sa créance que dans l'intérêt d'un débiteur seulement, la remise étant personnelle à celui qui l'a obtenue, ne profitera à ses co-débiteurs que jusqu'à concurrence de la part qu'il devait supporter dans la dette.

Examinons maintenant le cas où le créancier, mu par un sentiment spécial de bienveillance envers un de ses débiteurs, ou trouvant suffisantes les garanties que chacun d'eux lui présente individuellement, veut les délier tous ou un seulement du mandat qu'ils remplissent réciproquement les uns pour les autres. Les art. 1210 et 1211, dont nous allons reproduire les dispositions, nous donnent les règles de la remise de la solidarité.

L'obligation étant tout-à-fait indépendante de la solidarité, le créancier, dans l'intérêt de qui a été stipulé cette dernière, peut en faire la remise à certains de ses débiteurs, en conservant son action solidaire à l'égard des autres. Il doit seulement faire déduction de la part du débiteur qu'il a déchargé de la solidarité. Ce principe, applicable au cas où le créancier a consenti expressément à la division de la dette, l'est aussi à la remise tacite résultant de ce que le créancier a reçu un paiement partiel sans réserver dans la quittance la solidarité ou ses droits en général. Il ne renonce à la solidarité qu'à l'égard de ce débiteur (1211).

Plusieurs circonstances doivent concourir pour bien établir cette renonciation tacite du créancier : il faut qu'il ait reçu divisément ; qu'en recevant une somme égale à la portion dont est tenu le débiteur, il exprime que c'est pour la part de celui-ci, énonciation contraire à la nature de la solidarité ; qu'enfin il n'ait pas fait ses réserves dans la quittance. La remise de la solidarité ne saurait résulter de la simple demande que forme le créancier contre l'un des débiteurs pour sa part, à moins que celui-ci n'ait acquiescé à cette demande, ou qu'il ne soit intervenu un jugement de condamnation, auquel cas il n'est plus temps pour le créancier de modifier ses intentions. Ce qui a été dit de la remise de la solidarité, quant à la dette principale, s'applique également à la remise de la solidarité quant aux intérêts et arrérages. Le créancier en fait la remise tacite lorsqu'il accepte de l'un des débiteurs un paiement partiel des intérêts échus, et que la quittance porte que le débiteur a payé sa part d'intérêts. Mais cette remise de la solidarité est ici restreinte aux intérêts échus. Pour qu'elle soit considérée comme portant sur les intérêts à échoir et sur le capital, il est nécessaire que le même co-débiteur ait été admis à la division des intérêts ou arrérages pendant dix ans consécutifs.

(1212). Dans ce cas, en effet, le créancier aura suffisamment manifesté son intention de renoncer à la solidarité en faveur de ce débiteur.

#### Des recours des co-débiteurs solidaires entre eux.

Le débiteur qui est seul actionné, paie tout à la fois sa portion et celle des autres ; de là, pour lui, le droit de recourir contre eux à l'effet de recouvrer les fonds qu'il a employés à leur libération. Il peut demander à chacun d'eux sa part et portion (art. 1213). Une remarque importante à faire, c'est que toutes les portions sont présumées égales, à moins qu'une autre base de répartition ne soit justifiée.

Mais qui supportera la perte, si l'un des co-débiteurs se trouve insolvable? La loi, d'accord en ce point avec la plus stricte équité, décide que cette perte doit être répartie entre tous les débiteurs proportionnellement à la part que chacun d'eux doit supporter dans la dette (1214). Elle sera supportée même par celui des co-débiteurs solidaires auquel le créancier avait fait remise de la dette ou de la solidarité (1215). Cette remise, en effet, ne doit pas empirer la position des autres co-débiteurs, en détruisant les rapports qui existaient entre eux et celui qui l'a obtenue : ce dernier aura seulement un recours contre le créancier. Le législateur a prescrit un autre mode non moins équitable de répartition entre les co-débiteurs solidaires, lorsque la dette a été contractée dans l'intérêt d'un seul des débiteurs. Celui-ci se trouve alors tenu de toute la dette à l'égard des autres co-débiteurs qui ne sont considérés, par rapport à lui, que comme ses cautions (1216). Dans ce cas, ceux qui invoqueront le bénéfice de cet article devront, par une preuve contraire, détruire la présomption qu'établit la solidarité d'une obligation personnelle à tous les débiteurs.

## SECTION V.

#### Des obligations divisibles et indivisibles.

Nous arrivons maintenant à une seconde exception au principe de droit commun que nous avons cité dans la section précédente, à l'indivisibilité des obligations.

Il est d'un grand intérêt pour les débiteurs comme pour le créancier, de distinguer si une dette est divisible ou indivisible. En effet, est-elle divisible? chacun des débiteurs est tenu seulement pour une portion de la dette; chaque créancier n'a qu'une portion de la créance. Au contraire, est-elle indivisible? chacun des débiteurs peut être poursuivi, de même que chaque créancier peut poursuivre pour le tout. Considérée en elle-même, une obligation n'est point susceptible de parties; elle est, par conséquent, indivisible. C'est seulement au point de vue de leur objet, qu'on peut dire des obligations qu'elles sont indivisibles. L'obligation, dit l'art. 1217, est divisible ou indivisible, selon qu'elle a pour objet, ou une chose qui, dans sa livraison, ou un fait qui, dans l'exécution, est ou n'est pas susceptible de division, soit naturelle, soit intellectuelle. Expliquons cette définition par quelques exemples : Je promets un certain nombre d'hectolitres de blé : l'obligation est matériellement divisible ; si je dois un cheval, elle est matériellement indivisible. — J'ai accepté un mandat pour une affaire unique (admettons que ce soit pour un voyage), le fait que je dois accomplir est matériellement indivisible ; il serait divisible si, par exemple, j'avais promis de creuser un fossé sur une étendue déterminée, car ce fait peut être exécuté par parties. — Une action dans une entreprise industrielle est intellectuellement, quoique non matériellement, divisible. — Une servitude, telle qu'un droit de passage, de vue, n'est susceptible de division, ni matérielle, ni intellectuelle. L'espèce d'indivisibilité qu'a en vue l'article ci-dessus, et dont notre dernière phrase contient un exemple, est celle que Dumoulin et Pothier appelaient indivisibilité *contractu* ou *naturâ*. Ils admettaient encore deux autres espèces d'indivisibilités : l'indivisibilité *obligatione* et celle *solutione tantum*. Le Code a reproduit ces distinctions. L'obligation est indivisible *obligatione*, lorsque la chose qu'elle a pour objet, considérée sous un rapport autre que celui sous lequel elle figure dans l'obligation, serait susceptible d'être promise ou stipulée par parties ; telle serait l'obligation souscrite par un entrepreneur, de construire une maison qui, de sa nature, serait divisible.

L'obligation est indivisible *solutione tantum*, lorsqu'ayant pour objet une chose toujours divisible de sa nature, il a été convenu entre les parties qu'elle ne pourra être exécutée fractionnellement. Elle constitue plutôt une exception à la divisibilité de l'obligation, qu'une indivisibilité proprement dite.

La solidarité stipulée ne donne point à l'obligation le caractère d'indivisibilité (1219); de même que toujours l'indivisibilité n'implique point la solidarité. Ces deux caractères de l'obligation ne sauraient être confondus; leurs effets sont la plupart du temps bien différents : ainsi, l'obligation solidaire se divise entre les héritiers du débiteur, tandis qu'il n'en est pas de même de l'obligation divisible. De même, les dommages et intérêts encourus par les débiteurs solidaires sont dûs par eux solidairement, tandis que ceux qui sont à la charge des débiteurs d'une chose indivisible, se divisent entre eux.

### Des effets de l'obligation divisible.

La divisibilité de la dette entraîne les conséquences que nous allons signaler : Lorsqu'une dette ayant pour objet une chose divisible est contractée par plusieurs personnes ou envers plusieurs personnes, chacune d'elles est censée n'avoir promis ou n'avoir stipulé qu'une portion de la chose due, en sorte qu'il existe autant de dettes et de créances distinctes qu'il y a de débiteurs et de créanciers. De même encore lorsque le débiteur ou le créancier d'une chose divisible meurt, la dette ou la créance se divise de plein droit entre ses héritiers; chacun d'eux n'est tenu de payer la dette ou ne peut la demander que proportionnellement à la part pour laquelle il représente le défunt. Il est clair, du reste, que s'il n'y a qu'un débiteur et un créancier, l'obligation susceptible de division doit être exécutée entre eux comme si elle était indivisible; la divisibilité n'a d'application qu'à l'égard de leurs héritiers (1220).

Le principe de la divisibilité entre héritiers reçoit plusieurs exceptions ; en d'autres termes, il est des cas où la dette, quoique divisible, à ne considérer que son objet, est indivisible, quant à la manière dont l'obligation doit être exécutée, à l'égard des héritiers du débiteur : c'est là ce qu'on appelle l'indivisibilité *solutione tantum*. Le Code (1221) cite cinq cas d'obligation divisible quant à son objet et indivisible à l'égard des héritiers du débiteur : 1° « Celui où la dette est hypothécaire. » Le cohéritier détenteur de l'immeuble hypothéqué doit acquitter la dette en entier, sauf son recours contre les autres héritiers. 2° « Lorsque la dette est d'un corps certain », quoique susceptible de division intellectuelle. La loi a voulu prévenir des lenteurs et des procès, en autorisant le créancier à demander la chose entière à l'héritier détenteur. 3° « Lorsqu'il s'agit de la dette alternative de choses au choix du créancier, dont l'une est indivisible. » Cette disposition semble inexplicable ; elle est tout au moins superflue. La loi ne fait ici que reconnaître une conséquence nécessaire de l'indivisibilité. 4° « Lorsque l'un des héritiers est chargé seul, par titre, de l'exécution de l'obligation. » Le mot titre s'applique ici aux contrats comme aux testaments. Mais il est à remarquer que cette observation n'a trait qu'à l'exécution de l'obligation et non pas à l'obligation elle-même, qui ne pourrait être mise à la charge d'un des héritiers, sans recours contre les autres que par testament et non par contrat. (V. Toullier.) 5° « Lorsqu'enfin il résulte, soit de la nature de l'engagement, soit de la chose qui en fait l'objet, soit de la fin que l'on s'est proposée dans le contrat, que l'intention des contractants a été que la dette ne pût s'acquitter partiellement. » L'indivisibilité sera censée résulter de la nature de l'engagement, lorsque la dette sera d'un genre, par exemple, d'un cheval, non individuellement déterminé ; elle résultera du second motif cité dans notre paragraphe, lorsque l'obligation consistera à livrer un attelage de deux chevaux ; elle résultera enfin du troisième motif, lorsque, par exemple, l'obligation consistera à livrer une certaine somme à une personne qui en se la faisant promettre, aura déclaré que cette somme devait lui servir à exercer un droit de réméré.

#### Des effets de l'obligation indivisible.

Par rapport aux débiteurs, les effets de l'indivisibilité sont à peu près les mêmes que ceux de la solidarité; c'est là du moins ce qu'on peut conclure des termes de l'article 1222, où nous lisons que : « Chacun de ceux qui ont contracté conjointement une dette indivisible, en est tenu pour le total, encore que l'obligation n'ait pas été contractée solidairement. » Mais si dans ce cas les obligations solidaire et indivisible semblent se confondre, il existe entre elles, quant au mode d'exécution, une différence radicale qu'il importe de signaler. Dans l'obligation indivisible, chacun des débiteurs est tenu pour le tout, à cause de la nature de la dette; or, si cette nature vient à changer, l'indivisibilité cessera avec la cause qui l'a produite; comme si la promesse d'un cheval est remplacée par celle de cent francs, la dette se divisera entre les débiteurs. Dans l'obligation solidaire, il en est tout autrement, la substitution d'un autre objet à celui qui était primitivement dû ne modifiera pas les effets de la solidarité, parce que celle-ci ne tient pas à la qualité de la chose due. L'obligation indivisible conserve ce caractère à l'égard des héritiers de celui qui l'a contractée (1223). Nous trouvons là une autre différence entre l'indivisibilité et la solidarité; elle se justifie par la nature même de la dette. Du moment qu'un objet est indivisible, il importe peu qu'il soit dû par une ou par plusieurs personnes; il n'y a qu'une manière d'acquitter la dette.

L'effet direct et principal de l'indivisibilité est d'empêcher le fractionnement de la dette entre les débiteurs ou entre les créanciers ; nous dirons donc, avec l'art. 1224, que chacun des créanciers peut agir pour le tout contre le débiteur ; mais il est bien entendu que le paiement fait entre les mains d'un créancier libérera le débiteur à l'égard de tous les autres, car il ne doit la chose entière qu'une seule fois.

Aucun créancier n'a le droit de recevoir seul une chose au lieu et place de celle qui est due ; ce serait modifier le droit de ses co-intéressés. A bien plus forte raison ne peut-il pas faire remise de la dette entière ; si, outrepassant ses droits, il a voulu faire cette remise, le débiteur ne sera libéré que jusqu'à concurrence de la portion que ce créancier avait dans la créance. Cette portion se déduira par équivalent, car une obligation indivisible n'est point susceptible de parties.

Le co-débiteur d'une chose indivisible, poursuivi pour le tout, peut, d'après l'art. 1225, demander un délai pour mettre en cause ses co-débiteurs. Cette faculté aura pour lui plus ou moins d'importance, suivant les cas qui se présenteront. Si la dette est de nature à être acquittée par tous conjointement ou seulement par chacun des co-débiteurs séparément, celui qui sera poursuivi aura droit à un délai pour mettre en cause ses co-débiteurs et faire diviser la condamnation ; dans le cas au contraire où la dette serait de nature à ne pouvoir être acquittée que par le débiteur assigné, ce dernier aura droit à un délai, mais uniquement comme dans l'obligation solidaire, pour éviter des frais, en faisant prononcer par le même jugement sur la demande formée contre lui et sur sa demande en garantie contre ses co-débiteurs. (Voir M. Valette.)

## POSITIONS.

I. Dans la solidarité entre les créanciers, le débiteur est-il toujours libre d'acquitter sa dette entre les mains du créancier qu'il lui plaît de choisir ? — Distinction à établir.

II. Un créancier solidaire peut-il faire remise de toute la dette au débiteur ? — Non.

III. Dans la solidarité de la part des débiteurs, le bénéfice de division est-il accordé aux co-débiteurs solidaires ? — Non.

IV. Les débiteurs solidaires peuvent-ils n'être pas tenus de la même manière ? — Oui.

V. L'indivisibilité *solutione tantum* constitue-t-elle une indivisibilité proprement dite ? — Non.

VI. Dans une obligation indivisible, pourra-t-il se faire que la manière dont les débiteurs sont tenus, soit modifiée ? — Oui.

# DROIT COMMERCIAL.

### Des assurances. Des formes externes et internes du contrat.

On entend en général par assurance, la convention qui a pour but d'indemniser une personne d'une perte résultant d'un cas fortuit. Les assurances se divisent en assurances à prime et assurances mutuelles, et, à un autre point de vue, en assurances maritimes et assurances terrestres.

Dans l'assurance à prime, l'un des contractants, l'assureur, se charge envers l'autre contractant, l'assuré, moyennant une valeur convenue appelée prime, du risque des cas fortuits auxquels la chose de ce dernier peut être exposée. — Dans les assurances mutuelles, plusieurs personnes exposées aux mêmes risques se donnent la garantie réciproque de supporter proportionnellement à leur intérêt, le préjudice que chacune d'elles pourrait éprouver : les mêmes individus jouent ainsi le rôle d'assureurs et d'assurés. Nous ne nous attacherons pas ici à faire ressortir les différences qui séparent ces deux espèces d'assurances; elles ont toutes deux la même raison d'être, qui consiste non pas tant dans la réparation du dommage que dans la prise du risque.

L'assurance sera maritime si elle garantit des risques ou fortunes de mer, et terrestre si elle n'a trait qu'à ce qu'on appelle des sinistres de terre. L'assurance terrestre, quoique connue avant la rédaction du Code de Commerce, ne s'est complètement accréditée que depuis sa promulgation ; aussi le législateur n'a-t-il pas édicté de dispositions qui la concernent en propre. On est universellement d'accord pour reconnaître comme applicables à cette dernière, les principes généraux qui régissent les assurances maritimes. Toutefois, il existe un petit nombre de règles spéciales aux assurances terrestres, que les auteurs ont admises sans difficulté. Nous avons seulement à nous occuper ici du contrat d'assurance maritime, et nous aurons à rechercher quelle a été son origine et quelle est la manière de le constater, ou mieux quelles sont ses formes externes et internes ?

### Contrat d'assurance maritime.

On entend par contrat d'assurance maritime une convention par laquelle l'une des parties s'oblige envers l'autre, moyennant un prix ou une prime convenu, à réparer, si faire se peut, les pertes ou dommages qu'éprouvent sur mer des choses exposées au danger de la navigation.

Dans les temps modernes, on a appliqué ce contrat à garantir les pertes éprouvées sur terre, et les conventions de ce genre tendent à se multiplier de plus en plus ; mais, dans l'origine, il a uniquement servi de garantie aux armateurs ou aux chargeurs de navires.

Les auteurs ont vivement discuté sur l'origine du contrat d'assurance ; plusieurs d'entre eux, s'autorisant de quelques phrases tirées des historiens ou du corps du Droit romain, ont soutenu que ce contrat avait été connu et pratiqué par les Romains ; mais leur opinion, basée sur une fausse interprétation des textes, ne saurait prévaloir. Le contrat d'assurance n'a pas lieu comme modification des contrats ordinaires, ainsi qu'on l'a prétendu ; il existe comme contrat principal et indépendant de tout autre contrat.

Les peuples anciens n'ont pas connu le contrat d'assurance, par la raison fort simple qu'il leur était complètement inutile ; on conçoit sans peine, en effet, que les rares et puissantes maisons qui avaient alors le monopole des transactions commerciales, étaient de force à résister longtemps aux coups de la fortune. Au moyen-âge, la concurrence commerciale donna naissance à notre contrat.

Les Espagnols ont les premiers formulé les règles du contrat d'assurance, qu'ils empruntèrent aux républiques italiennes avec lesquelles ils avaient de fréquents rapports. Ce contrat fut importé par eux dans les Pays-Bas, et de là il s'est répandu dans toute l'Europe.

Dans les mœurs modernes, tous les contrats sont de bonne foi, et le contrat d'assurance ne saurait faire exception à cette règle. On a bien voulu en faire un contrat de droit étroit, mais cela tient à ce qu'on n'a pas assez soigneusement distingué le fond du droit de la manière de l'établir. En ce qui touche les droits et les obligations des parties, la police d'assurance doit en principe être interprétée en ayant égard à l'usage des lieux où elle a été passée ; quant aux documents propres à établir l'existence et l'étendue du sinistre, on applique naturellement la maxime : *locus regit actum*.

### Des formes externes.

Par ces mots, on entend les moyens qui servent à établir la preuve du contrat d'assurance. Dans l'usage, les contrats d'assurance sont rédigés par écrit : la loi même ne paraît pas en admettre d'autres. Mais est-ce à dire qu'on doive annuler tout contrat d'assurance qui ne reposera que sur le consentement des parties ? En d'autres termes, l'écriture est-elle une condition indispensable à la validité du contrat ? Telle n'est pas l'interprétation qu'il convient de donner à la loi. L'assurance produira tous ses effets quand bien même il n'ait pas été rédigé de contrat ; seulement, si l'une des parties vient à nier l'existence du contrat, à défaut d'écrit, l'on n'aura pour tout moyen de preuve que la délation du serment à la partie qui niera. L'écriture est donc requise *ad probationem* et non pas *ad solemnitatem*; mais il sera toujours prudent de rédiger une police d'assurance. La preuve testimoniale n'est jamais reçue en cette matière, parce que le motif d'urgence qui l'a faite admettre en général pour les matières commerciales n'existe pas ici.

L'assurance, en effet, n'étant pas un acte de commerce improvisé, les parties ont toujours le temps de se prémunir contre la mauvaise foi de leur co-contractant. — Les polices d'assurance peuvent être passées par acte public ou sous-seing privé. L'art. 79 nous dit qu'elles peuvent être rédigées par les parties ou par les notaires, par les courtiers d'assurance et les chanceliers de consulat. Dans les polices d'assurance, la loi exige les signatures de l'assureur et de l'assuré. Mais cette disposition, bien que dictée par la sagesse, n'est pas en général observée dans la pratique, car souvent l'assuré ne signe pas. C'est là un reste des usages primitifs. Dans le principe, l'assuré se libérait du montant de son obligation au moment de la formation du contrat ; c'est même ce qui a lieu ordinairement encore dans les contrats synallagmatiques dont fait partie le contrat d'assurance, et la partie qui se libère ainsi n'est plus soumise à aucune action. Aujourd'hui, l'assuré ne paie pas au moment de la formation du contrat ; et cependant, tant par suite de l'ancien usage que par suite du mystère dont aime à s'envelopper le commerce, l'habitude s'est maintenue de n'apposer qu'une signature, celle de l'assureur, à l'acte qui constate le contrat.

Il importe beaucoup que la police d'assurance soit datée ; non pas que ce soit une condition inhérente à la validité de l'acte, mais il est tel cas où l'existence du contrat dépendra de sa date comparée à celle de l'accident, et tel autre où une omission et même un retard dans l'accomplissement de cette formalité pourra faire considérer l'acte comme non avenu. Si, par exemple, il a été fait des assurances pour une somme excédant la valeur des objets assurés, l'assurance la plus ancienne exclura les autres. De même, si deux polices se trouvent en présence, l'une avec date certaine, l'autre sans date, le doute s'interprêtera en faveur du plus diligent, c'est-à-dire que ce sera à celui qui a négligé de faire dater sa police qu'incombera la tâche en ce cas très difficile de fournir la preuve de la date de sa police.

### Des formes internes.

Par les mots formes internes, on a voulu désigner les énonciations qui servent de base au calcul des compagnies ; mais cette locution n'est pas d'une rigoureuse exactitude, car ces énonciations, loin de tenir à la forme du contrat, tiennent bien plutôt à sa base.

Il est un principe qui domine toute cette matière : c'est que l'assureur et l'assuré se doivent dans leurs rapports une entière franchise. Chacune des parties doit pouvoir faire de son côté les calculs de probabilité ; de là obligation pour l'assuré de donner toutes les indications qui pourraient influer sur le calcul des risques.

La police d'assurance doit d'abord énoncer le nom des contractants ; mais, comme nous l'avons déjà dit, une police sera valable malgré qu'elle n'indique pas le nom de l'assuré. L'agent extérieur, intéressé ou non, pourra se borner à déclarer qu'elle est faite pour le compte de qui il appartiendra. On conçoit que le nom de l'assuré soit souvent inutile dans le calcul des risques : ce qu'il importera le plus aux assureurs de savoir, ce sera sa qualité. Toujours, en effet, la qualité influe sur les risques. Il faut donc la faire connaître sous peine de nullité du contrat. Ainsi, lorsqu'au moment de l'assurance la marchandise appartient à un ennemi de la nation dans les eaux de laquelle le vaisseau doit naviguer, la dissimulation de cette qualité emporte la nullité de l'assurance. La qualité devenue pire doit aussi être manifestée ; d'où il suit que si la marchandise passe, après la formation du contrat, d'une tête amie sur une tête ennemie, la perte de cette marchandise sera supportée par son nouveau propriétaire, parce qu'il aura augmenté les chances de perte. Toutefois, la position devenue pire, par suite d'un fait matériel, alors que l'assurance avait été fondée sur de bonnes bases, ne suffit pas pour faire annuler le contrat, car l'assuré n'aura aucune faute à se reprocher. Il serait trop long d'entrer ici dans tous les détails de toutes les indications que doit contenir la police d'assurance. Nous nous bornerons à en faire une énumération succincte. L'acte qui constate l'assurance doit désigner avec soin l'objet assuré, ainsi que le nom du navire pris comme lieu du risque. Il doit, de plus, énoncer le coût de l'assurance et faire connaître les risques que la compagnie prend à sa charge, ainsi que le voyage de l'assuré. Toutes ces indications, nous l'avons déjà dit, doivent servir de base au calcul des risques; et toute réticence provenant de la mauvaise foi de l'une des parties, devra faire annuler le contrat.

## POSITIONS.

I. La preuve écrite est-elle nécessaire à la validité du contrat? Non.
II. L'assurance tiendra-t-elle malgré que la signature de l'assuré ne se trouve pas sur la police? — Oui.
III. En matière d'assurance doit-on admettre la preuve testimoniale? — Non.
IV. Si après la formation du contrat la marchandise passe d'une tête amie sur une tête ennemie, par qui en sera supportée la perte? — Par le nouveau propriétaire.

# DROIT ADMINISTRATIF.

### A quelle juridiction administrative appartient ce qui concerne le trésor public ?

Avant d'aborder la matière que nous avons à traiter, il nous semble nécessaire de rappeler quelques-uns des principes fondamentaux du droit administratif. De ces principes, de l'application que nous essaierons d'en faire, découlera naturellement la réponse à la question qui nous est posée.

Comme la compétence, la juridiction administrative a été divisée en gracieuse et contentieuse. Par juridiction, si l'on s'en rapporte à la simple étymologie du mot, il faut entendre le mode d'action du juge ; par conséquent, appliquée au gracieux, cette expression a été détournée de son véritable sens. A part, en effet, les cas exceptionnels dans lesquels la loi les autorise à se prononcer sur un litige, les agents de l'administration active ne pourraient être un moment considérés comme de véritables juges, car ils n'ont jamais à se prononcer sur une contestation. Cette observation faite, en vue surtout d'écarter des idées toute apparence de la confusion qui règne dans les termes, nous conserverons au mot juridiction, en matière gracieuse, la signification que lui reconnaît le langage administratif. La juridiction est une manière d'agir, une attribution de l'administration active, de cette partie du pouvoir exécutif qui, d'après notre savant professeur, protége les intérêts généraux de la société en surveillant l'action de chaque citoyen. Il nous suffira d'indiquer avec quelques détails les divers caractères que revêt l'action administrative dans l'accomplissement de son mandat, pour reconnaître ensuite du premier coup-d'œil à quel titre ce qui concerne le trésor public rentre dans les attributions de l'administration active.

L'administration active est toujours en contact avec les citoyens ; elle ne se meut jamais sans que ses actes ne touchent leurs intérêts ou ne portent atteinte à leurs droits. Dans le premier cas, tant qu'il ne s'agit que des intérêts privés, elle décide en arbitre souverain ; ses actes ne peuvent faire l'objet d'aucun recours devant les tribunaux. Cela se comprend sans peine, car l'intérêt individuel ne saurait entrer en lutte avec l'intérêt général. Quelque importants que soient les intérêts des particuliers, ils doivent toujours céder le pas à l'intérêt de tous, et l'administration qui gère les intérêts de la société, ne saurait se laisser arrêter dans l'accomplissement de son mandat par les réclamations que ses actes pourraient soulever. Elle se trouve alors investie d'un pouvoir gracieux. Dans le second cas, au contraire, elle est astreinte, comme le pouvoir judiciaire, à l'observation de formes juridiques qui modèrent sa marche : elle instruit, elle décide et juge, s'attachant toujours à faire concorder l'intérêt de tous avec le droit de chacun. Et comme ici ses décisions ont une portée plus grave, comme les droits de chacun sont chose sacrée et qu'il n'appartient qu'à la loi, expression de l'intérêt général, qu'il appartient de les sacrifier sans appel, les actes de l'administration active n'auront plus, de prime-abord, ce caractère discrétionnaire qui leur est attribué lorsqu'ils touchent seulement à des intérêts privés. Les citoyens qui se prétendront lésés dans leurs droits devront porter leurs réclamations devant des tribunaux de l'ordre administratif qui connaîtront de la contestation. Dans ce dernier cas, l'administration active exerce une véritable juridiction ; elle prend la qualification de pouvoir contentieux.

Il existe donc une étroite corrélation entre les mots : intérêt privé et juridiction gracieuse, et ceux-ci : droit privé et juridiction contentieuse. C'est en tenant compte de cette connexité qu'on arrive à discerner spontanément, pour ainsi parler, le gracieux du contentieux administratif. Cette distinction si simple et si rationnelle éclairera l'importante question de savoir quand est-ce qu'un acte de l'autorité administrative sera dès l'abord définitif, ou au contraire susceptible d'être discuté devant les tribunaux compétents. Et déjà, dans la question qui nous occupe, ne pourrions-nous pas, à l'aide de ce moyen, trouver la solution véritable ? Il est évident, en effet, qu'en matière de trésor public, à chaque instant les droits des citoyens peuvent être menacés. L'impôt est la source qui alimente le trésor : on sait quels moyens a pris le législateur pour répartir autant que possible les charges sur toutes les classes et sur tous les citoyens, et nous n'entrerons pas ici dans les détails des diverses contributions. Mais tout ce qui concerne ces contributions touche notre propriété mobilière ; c'est l'argent des contribuables qui sert à former le trésor public : or, le droit de propriété constituant un des droits les plus respectables, nous devons conclure nécessairement, si nous nous en tenons aux principes posés, que ce qui concerne le trésor public appartient à la juridiction contentieuse.

Que si l'on nous objecte que le système à l'aide duquel nous prétendons distinguer ce qui rentre dans les attributions des diverses juridictions administratives, n'est pas d'une application suffisamment générale ; si l'on veut pouvoir discerner les matières contentieuses à la fois des matières gracieuses et des matières judiciaires, nous nous nous référerons à la précieuse formule de compétence due à M. Chauveau. A l'aide de cette simple proposition : *Intérêt spécial émanant de l'intérêt général, discuté, en contact avec un droit privé*, nous distinguerons sûrement des autres matières, celles qui rentrent dans les attributions de la juridiction contentieuse. Mais, pour ne pas sortir du cadre qui nous est tracé, bornons-nous à faire l'application de cette formule à la matière qui nous occupe. Un cas est contentieux toutes les fois qu'on y découvre l'intérêt général, l'intérêt spécial, la discussion et de droit privé. Ces caractères constitutifs du contentieux les découvrons-nous en matière de trésor public? Nous n'hésitons pas à répondre affirmativement. Et d'abord, tous les citoyens n'ont-ils pas un intérêt capital à ce que le trésor soit florissant? Il est à peine besoin d'un moment de réflexion pour se représenter les suites funestes qui résulteraient du mauvais état des finances publiques. Que le trésor soit vide, le désordre et le malaise règnent dans la société ; les diverses branches des services public tombent en souffrance ; l'armée, la marine et avec elles l'honneur national, tout est en péril, jusqu'à ce qu'enfin l'anarchie profitant de la situation, vient compromettre le sort des empires. Et s'il nous fallait citer des exemples, l'histoire nous les fournirait abondants chez tous les peuples du monde. Il ne peut donc échapper à personne qu'un bon état du trésor est d'intérêt général.

Nous découvrirons l'intérêt spécial en matière de trésor public, si nous nous arrêtons aux détails d'administration qui touchent à la rentrée des recettes ou à la liquidation des dépenses, et, pour préciser davantage, nous le verrons, par exemple, dans tout ce qui se rattache soit aux débats entre le trésor et ses comptables, soit à la quotité d'impôt mise à la charge d'un contribuable, ou bien encore au paiement des traitements, des pensions et à l'établissement des rentes. Et, quand une discussion de ce genre s'élève, n'est-il pas de la dernière évidence que celui qui plaide contre le trésor, soit qu'il refuse, soit qu'il réclame le paiement d'une somme, quelque minime qu'elle soit, défend une partie de sa fortune mobilière et par là même son droit de propriété? Ainsi donc, voilà compris dans notre matière les caractères distinctifs du contentieux administratif ; nul doute, par conséquent, que ce qui concerne le trésor public ne rentre dans les attributions de la juridiction contentieuse.

La loi a bien, il est vrai, attribué à d'autres juridictions certaines matières qui tombaient sous le coup de la formule précitée. C'est ainsi que les tribunaux civils connaîtront des contestations qui s'élèvent en matière d'enregistrement de douanes et de contributions indirectes ; mais ce ne sont là que des déclassements qui n'ébranlent nullement le principe. Nous n'avons pas à rechercher ici à quel degré de juridiction appartiendront les diverses contestations en matière de trésor public. Le ministre des finances, qui constitue le tribunal ordinaire, devra connaître en général de toutes les questions de comptabilité qui intéressent le trésor. Les conseils de préfecture auront eux aussi juridiction, mais seulement lorsque la loi la leur aura formellement attribuée

## POSITIONS.

I. Les agents de l'administration active au premier chef sont-ils à proprement parler des juges ? — Non.
II. Quelles sont les décisions de l'administration active soumises à un recours contentieux ? Celles qui touchent aux droits des particuliers.
III. Trouve-t-on les divers caractères du contentieux en matière du trésor public ? — Oui.

*Vu par le président de la Thèse,*
**DUFOUR.**

Cette Thèse sera soutenue, en séance publique, le 30 décembre 1861, dans une des salles de la Faculté.

Toulouse, imprimerie JEAN PRADEL et BLANC, place de la Trinité, 12.

www.ingramcontent.com/pod-product-compliance
Lightning Source LLC
Chambersburg PA
CBHW060711050426
42451CB00010B/1385